NOTICE

sur

DULAURE

PAR

ÉDOUARD FOURNIER

NOTICE SUR DULAURE.

La vie de Dulaure, sa personnalité tout entière se résument en deux mots qui, d'ailleurs, dans la pensée de beaucoup de gens, sembleront bien faits pour marcher ensemble. Ces deux mots, on les devine, dès qu'on le connaît un peu : ce sont *Paris* et *République*, autant dire le théâtre et la pièce. Le premier lui plut, mais toujours à la condition qu'on y jouerait l'autre. Aussi, quand la représentation des scènes de son choix y eut cessé pour faire place à d'autres beaucoup moins chères à ses convictions ; quand les acteurs qu'il avait applaudis avec enthousiasme se furent retirés, ou furent tombés morts tout de bon, au dénoûment, il rentra chez lui morose et désenchanté. C'est dans cette solitude, sous l'impression de son regret du passé, de son mécontentement opiniâtrément systématique du présent qu'il écrivit son livre : les annales de cette grande ville, de ce grand théâtre, où rien ne parlait plus à son esprit et à son cœur républicain, où enfin il ne pouvait plus prendre qu'un plaisir — et il ne se le refusa pas — celui d'attaquer dans l'histoire les gens dont la puissance rétablie, s'était fièrement mise dans le présent au-dessus de sa colère. Trop

1

emporté dans son opinion pour rien raisonner froidement en dehors d'elle, et pour se prendre sévèrement à partie sur les exigences sérieuses du grand rôle qu'il se donnait; l'homme ne cessa jamais d'envahir, en lui, et de déborder l'historien. Celui-ci fit toujours sa muse de la rancune de celui-là. Jeune, Dulaure avait fait du pamphlet dans les journaux, vieux et toujours ardent, il continua dans l'histoire.

Il naquit, au cœur même du xviiie siècle, le 3 septembre 1755 (1), à Clermont en Auvergne. Ses études, qu'il fit au collége de la ville, se dirigèrent surtout vers le dessin et les mathématiques. Sorti des classes, il voulut entrer dans le corps des ponts et chaussées. Il avait le talent, mais les appuis lui manquaient; il échoua. Comment dès lors pourra-t-il tirer parti des connaissances toutes spéciales qu'il avait laborieusement acquises? il n'avait qu'une seule voie à suivre, voie ingrate, déjà encombrée, mais enfin ouverte à tous sans diplôme, c'était le métier d'architecte. S'étant décidé à le prendre, il vint à Paris, seule ville où l'on bâtit encore avec de certaines précautions d'art et de goût. Il y arriva au mois d'octobre 1770; il avait vingt-quatre ans. Alors on ne rougissait pas encore d'être apprenti à cet âge-là; Dulaure le fut comme tant d'autres, il suivit les cours de Rondelet, qui lui-même avait été longtemps l'élève favori de Souflot. Sainte-Geneviève se bâtissait, et c'est celui-ci, comme vous savez, qui avait donné les plans et dirigeait les travaux. Il ne lui fut pas donné d'achever son œuvre, il mourut en 1781. Pour le remplacer, on songea tout d'abord à Rondelet, qui accepta la tâche, et y fit participer ses meilleurs élèves; Dulaure était du nombre. Collaborer pour ainsi dire avec le maître était un honneur qui pouvait avoir ses charmes, mais qui avait aussi ses périls comme vous allez le voir. C'est aux constructions du dôme dont Souflot n'avait fait que donner le plan, que l'on travaillait alors. Un jour que Dulaure se trouvait, la règle et le plomb en main, sur l'une

(1) Cette date est celle que donne M. Villenave, dans le *Supplément de la Biographie universelle*. Sa notice étant la plus complète et la mieux étudiée, c'est elle que j'en crois.

des hautes corniches de l'intérieur, au moment où son œil suivant la corde avec laquelle il prenait une mesure verticale, plongeait dans l'abîme ouvert à pic sous ses pieds, il fut tout à coup pris d'un éblouissement, et n'eut que le temps de se rejeter en arrière ; s'il fût tombé en avant, il était mort, on n'eût relevé qu'un cadavre sur le pavé de l'église. Il n'en fallait pas tant pour qu'il se dégoûtât de l'architecture. Dulaure n'attendit pas pour y renoncer une seconde épreuve, qui aurait pu être mortelle; ayant quitté Rondelet et son art, il se fit plus prosaïquement, mais avec plus de sécurité aussi, ingénieur-géographe.

Le canal projeté entre Bordeaux et Bayonne fut la première entreprise à laquelle il fut attaché sous la direction d'un ingénieur en chef. Ces sortes de travaux sont des œuvres de la paix ; que la guerre vienne à se déclarer, on les arrête. Les fonds qu'on employait pour une idée féconde sont absorbés par ses stériles dépenses. C'est ce qui eut lieu en cette circonstance : l'expédition d'Amérique commencée vers le même temps prit tout l'argent, qui trouvait dans l'exécution de ce canal un emploi si utile. Dulaure resta encore une fois sans travail; mais s'il était à bout de ressources, il n'était pas à bout d'expédients, sa science lui demeurait. Depuis 1781, il était en instance à l'Académie des Sciences pour l'approbation d'un instrument qu'il avait inventé et à l'aide duquel on pouvait lever des plans et des cartes topographiques avec la plus grande facilité. Il en attendait beaucoup, mais l'insouciance de l'Académie fit avorter cet espoir qui était pour lui une sorte d'avenir. Cousin et Bossut écrivirent un rapport favorable, et ce fut tout. L'ingénieur n'était pas en fortune, comme vous voyez; restait chez Dulaure le géographe et l'homme d'esprit ; le premier commença de tout sauver, l'autre fit le reste. Dulaure trouva d'abord à s'employer avec profit pour quelques cartes géographiques de la France, notamment pour une carte d'Auvergne dont on lui permit de faire hommage à l'intendant de cette province et qui fut fort bien accueillie.

Il avait, nous l'avons dit, reçu une bonne et solide éducation ; les sciences en avaient été la partie prin ale, mais les lettres pourtant n'y avaient pas été négligées. Sous l'ingénieur et le géographe l'homme de lettres pouvait donc au besoin se dégager et se faire jour. Il ne fallait que l'occasion : quelque sujet présenté par la circonstance et pour lequel, malgré sa modestie, il pût se croire compétent, et se sentir le besoin de dire aussi son mot. L'ouverture de la nouvelle salle de la *Comédie française*, aujourd'hui l'Odéon, fut pour Dulaure cette occasion-là. Partout, dans le public, dans les bureaux d'esprit dont les *Mémoires secrets* et la *Correspondance secrète* de Metra étaient l'écho, l'on s'accordait à critiquer ce nouveau théâtre; pourquoi Dulaure ne se serait-il pas mis de la partie? Il pensait comme tout le monde, beaucoup de mal du monument, et il avait plus qu'aucun autorité pour l'écrire. Que lui manquait-il? une plume, un style, mais ce n'était là pour lui que de simples accessoires dont il ne se préoccupa jamais beaucoup, et qu'il prit toujours où il put. La première plume avec laquelle il écrivit, fut à peu de chose près pareille à celle qui lui servit pour la dernière ligne de son dernier livre, elle n'était ni plus ni moins finement taillée, seulement à cette dernière époque c'était une plume de savant: en 1781, ce n'était qu'une plume d'ingénieur-géographe.

Dulaure prit pour son premier écrit la forme qui demande, je ne dirai pas certes le moins d'esprit, mais le moins de littérature; sa brochure fut une *lettre*. Elle est curieuse, on y sent l'homme qui sait à fond ce qu'il dit; elle eut du succès.

L'année suivante, nouvelle ouverture d'une salle de spectacle; nouvelle brochure de Dulaure. Le théâtre qu'on inaugurait, est celui qui après avoir été successivement, la *Comédie-Italienne*, l'*Opéra-Italien*, est devenu ce qu'il est encore, l'*Opéra Comique*. Les critiques du public ne lui furent pas épargnés plus qu'à l'autre salle. On trouva surtout fort à redire sur la position de la façade qui au lieu de s'étaler en belle perspective, et bien dégagée sur la ligne du boulevard, avait été enfouie, comme au fond d'une cave sans soleil, sur la petite place et vis-à-vis le pâté des Italiens. C'est l'orgueil des comédiens qui avait exigé cette disposition bizarre et pour ainsi dire contre nature. Ils avaient craint, que, prenant vue sur le rempart, on ne vînt à les confondre, eux comédiens royaux, avec les bateleurs qui faisaient leur tapage vers les fossés du Temple et qu'on appelait les comédiens du boulevard. Plutôt que de courir le danger de cette confusion, qui eût porté atteinte à leur haute dignité comico-lyrique, ils avaient fait subir à leur nouvelle salle, la volte-face maussade, dont je viens de vous parler. L'occasion était belle pour Dulaure, de réveiller ses malices de pamphlétaire architecte. Cette fois, se trouvant tout à fait en belle humeur, il s'émancipa jusqu'à prendre la forme plus gaie du *dialogue* (1). C'était un genre au-dessus des habiletés de son esprit. Avant de faire parler des personnages, il faut d'abord savoir les choisir, c'est ce que Dulaure ne sut pas. Qui croyez-vous qu'il mit en scène comme interlocuteurs ? La *Façade* elle-même, les *Loges*, les *Décorations*, les *Murailles*. Il suffit de connaître le personnel pour juger de la pièce ! La brochure est mauvaise, mais avec le temps elle est devenue curieuse par les détails d'actualité qui s'y trouvent. En 1782, lorsque ces détails n'étaient ignorés de personne, elle n'était qu'insipide.

Les premières expériences aérostatiques venaient d'avoir lieu. Dulaure s'en occupa comme tout le monde, et obéissant à la vocation qu'il s'était faite de parler de toutes les actualités, il écrivit sur celle-là une nouvelle brochure, où la facétie eut plus de part que la science. Ses lectures déjà très-étendues et très-variées lui avaient fait connaître Cyrano de Bergerac et son *Voyage au pays de la lune*. C'est de lui qu'il s'inspira. Voici le titre du petit livret in-8° avec lequel il salua l'avénement de l'étonnante découverte : *Le retour de mon pauvre oncle ou relation d'un voyage dans la lune, écrite par lui-même, et mise au jour par son cher neveu.* (Ballomanipolis et Paris, 1784.) Prendre pour champ de ses rêves, les contrées de la lune, c'était vouloir divaguer de parti pris. Dulaure ne fit pas défaut à ce pro-

---

(1) *Les Italiens au boulevard, ou Dialogue entre leur nouvelle salle et celle des Français,* 1783, in 8°.

gramme d'extravagance. A propos de ballons, son esprit vagabonda sur toutes choses : sur Paris, dont sa curiosité scrutait déjà l'histoire ; sur la noblesse et le clergé dont sa malice, facilement emportée par le courant des idées du jour, savait déjà trouver les côtés attaquables. Il sut parfois confondre ses deux études dans une même méchanceté, c'est-à-dire prendre occasion d'un détail de l'histoire de Paris, pour frapper sur ses deux ennemis : les nobles et les prêtres. Vous voyez qu'il suivait déjà son système, avant même de se l'être nettement formulé et de s'en être parfaitement rendu compte : il était déjà lui-même sans presque s'en douter.

Tout lui est déjà bon, comme motif d'allusion méchante. Messier, prédicateur du xvie siècle, bouffon, comme tous les sermonnaires de ce temps-là, avait, un jour, conté du haut de la chaire l'apologue que voici : « Un peintre représenta les trois ordres de la société, à savoir, l'agriculture qui disait : je nourris les deux autres ; l'Église qui disait : je prie pour eux ; la noblesse qui disait : je les défends tous deux. Survint un nouveau peintre qui ajouta l'image du barreau, et l'avocat disait : je les dévorerai tous les trois. » Dulaure connaissait l'apologue, et le trouvait piquant. La pointe toutefois ne lui en paraissait point assez aiguisée, contre ceux à qui son esprit accordait les préférences de sa haine. Il modifia donc la composition, et la fit tourner directement non plus contre le barreau, mais contre ceux qu'il voulait atteindre partout et quand même. Il supposa qu'on avait trouvé une vieille enseigne de cabaret sur laquelle figuraient : un roi, un noble, un prêtre, un soldat, un homme du peuple. Le roi, le noble, le prêtre étaient à table, et l'homme du peuple était debout : « *Je mange tout*, disait le roi ; *je pille tout*, disait le noble ; *j'absous tout*, disait le prêtre ; *je défends tout*, disait le soldat ; *je paye tout*, disait le peuple. » D'après cette belle invention de l'enseigne des *cinq tout*, comme il l'appelle, on peut juger déjà de son impartialité pour ceux dont il se fait l'ennemi intime, et par avance s'édifier sur la conscience qu'il apportera dans ses travaux d'historien, et le choix de ses renseignements. S'ils ne se plient pas au gré de ses malveillances de parti pris, soyez sûrs qu'il saura les y contraindre, et leur donner la flexibilité dont il a besoin.

Son premier livre, un peu sérieux, et le même qui toujours recommencé, toujours refait, se trouve être la seule œuvre véritable de sa vie, témoigne assez de ce que je dis ici. C'est la *Nouvelle description des Curiosités de Paris* (Paris, Lejay, 1785, 2 vol. in-12). Jusqu'alors il n'avait rien signé de ce qu'il avait fait, ni les petites brochures citées tout à l'heure, ni les articles de critique théâtrale, qu'en cette même année 1785, il avait commencé d'écrire dans le *Courrier lyrique et amusant*. C'étaient choses trop au-dessus de lui, ou peut-être ne trouvait-il pas qu'elles fussent assez dans le courant qu'il devait suivre. Pour son nouvel écrit, ce fut différent. Il sentit tout d'abord, qu'il était de ceux qui comptent dans une existence littéraire ; aussi, bien que ce ne fût guère encore qu'une sorte d'embryon d'ouvrage, il le baptisa de son nom, il le marqua de sa griffe. Ne l'eût-il pas signé, que l'esprit dans lequel il était écrit, aurait pu suffire pour le dénoncer. Dulaure y était, et avec plus de violence encore, ce que nous l'avons vu déjà ; cependant, anomalie au moins étrange, croiriez-vous qu'il avait dédié à un roi ce livre anti-monarchique! Sur la première édition, et non pas seulement sur la deuxième, comme Villenave l'a dit à tort, se trouve une dédicace de l'ouvrage au roi de Suède. Gustave III avait fait tout récemment un voyage à Paris, caché sous *l'incognito* transparent de comte de Haga, et c'est cette circonstance qui avait donné à Dulaure l'idée de dédier son livre à l'auguste touriste. « Sire, écrivait-il, quel moment plus heureux pour vous offrir la description historique de cette capitale, que la circonstance où Votre Majesté vient elle-même observer, dans les principales villes de l'Europe, ce qui fait la grandeur des rois et le bonheur des peuples! Cette affabilité si touchante qui vous donne des sujets dans tous les États, cette sagesse si éclairée qui vous fait descendre du trône, et cacher l'éclat de la majesté sous celui du grand homme, ajoutent un nouveau prix à la faveur insigne dont vous devez honorer mon ouvrage... » Certes pour venir d'un homme qui comptera bientôt parmi les plus avancés de la démagogie, la flatterie n'est pas trop mal distillée, et la phrase est d'un tour assez courtisan. Qu'on ne s'en étonne pas. Tout le monde, en 1785, en eût fait autant que Dulaure ; la révolution était déjà dans les esprits, mais point du tout encore dans les mœurs. On demandait les réformes, tout en continuant à faire litière des abus à réformer ; la démocratie n'était encore que la théorie, la servilité devant le trône restait la pratique ; on le sapait, mais à genoux. Le jour où il tomba, ceux qui peu à peu avaient aidé à le jeter par terre, furent les premiers stupéfaits, et, disons-le, du moins pour plusieurs, les premiers repentants.

Le livre de Dulaure était une de ces petites machines de guerre, dont tous les écrivains du parti philosophique se faisaient un jeu depuis nombre d'années déjà, sans bien savoir eux-mêmes quelle en était la force, et ce qui pourrait résulter des coups qu'elles portaient. Le gouvernement qui en sentait les atteintes semblait avoir plus conscience du mal que ces livres pouvaient faire : les proscriptions dont il les frappait étaient d'incessantes preuves de ses inquiétudes. Le nouvel ouvrage ne parvint pas à s'y soustraire. Une critique, qui parut dans l'*Année littéraire*, fut contre lui une sorte de dénonciation. Dulaure s'en vengea par une virulente réplique ; et quoiqu'ayant ainsi pris sa revanche, il n'en garda pas moins rancune à ces plats successeurs de Fréron. Voici comment il s'explique touchant cette affaire, à la page 6 du *Tableau de sa Vie politique*, publié en 1794 : « A cause de plusieurs traités hardis contre les rois, contre la cour, contre la prêtraille, mon livre fut attaqué vivement par les rédacteurs de l'*Année littéraire*, que je pulvérisai à mon tour par une réponse vigoureuse. »

Comme il arrive à tous les livres, celui de Dulaure dut aux poursuites qui avaient accueilli son apparition un succès que son mérite ne lui aurait sans doute pas conquis. L'étiquette de censure mise sur un ouvrage est une sorte d'enseigne qui semble dire : Ici l'on trouve du scandale. Et qui donc résisterait au plaisir d'aller prendre où elle se cache cette friande marchandise ?

L'interdit était à peine levé que les deux petits volumes de Dulaure arrivaient à la seconde édition. Jamais il ne s'était vu à pareille fête; il voulut la prolonger, et pour cela il fit au plus vite paraître la *Description des environs de Paris*, digne pendant de l'ouvrage auquel la police avait fait un si rigoureux et le public un si flatteur accueil. C'étaient les mêmes idées, le même parti pris de mensonge partial, le même style, et pour que rien ne manquât à la ressemblance, c'était aussi la même inconséquence de dédicace. Ce libelle, où l'auteur avait transporté sur l'histoire des châteaux et des églises de campagne, la malveillance et les calomnies, promenées déjà par sa plume désobligeante à travers l'histoire des hôtels, des palais et des églises de Paris, fut placé sous le patronage du même roi de Suède, à qui l'autre ouvrage avait été dédié.

Dulaure, ayant procédé par les mêmes moyens, pouvait espérer un succès pareil; malheureusement ce qui avait le plus énergiquement contribué à faire la fortune du premier ouvrage, la persécution, manqua tout à fait au second. La police fit la dédaigneuse, elle ne prit pas la peine de le ramasser dans sa fange de méchanceté et de mensonges : il y végéta quelque temps, puis y mourut. Faute de la magique annonce que Dulaure pouvait espérer des rigueurs de la censure, personne n'avait su que son livre existait, et les acheteurs n'étaient pas venus.

Comme tout travailleur infatigable et jeune, il se consola de la déconvenue de cet ouvrage en se hâtant d'en rêver et d'en élaborer un nouveau. L'idée qu'il eut alors est au moins singulière. Il ne trouva rien de mieux à faire que l'*Histoire philosophique de la barbe* ou, pour nous servir du mot qu'il prit comme premier titre, la *Pogonologie!* Vous voyez que l'insuccès ne le rendait pas sérieux. Au moins ne lui avait-il pas non plus aigri le caractère. Il cessait même d'être méchant; c'était quelque chose. La conclusion de sa brochure fut digne des recherches qui en étaient l'exorde : il demanda qu'à l'avenir tous les fonctionnaires supérieurs laissassent croître leur barbe, dans toute sa longueur. C'eût été un indice naturel d'aristocratie, dont pas un homme

2

de marque n'aurait dû se dispenser pour attester sa noblesse ou les hautes fonctions qu'il occupait. Pour un futur conventionnel cette façon d'entendre l'égalité était singulière. Lui qui plus tard fut de ceux qui demandèrent que les hommes fussent égaux, devant la guillotine, il commençait par ne pas vouloir qu'ils le fussent devant le rasoir!

— Sans doute, me disait un jour quelqu'un à qui je parlais de cette étrange brochure du révolutionnaire historien, sans doute Dulaure dressant un état de ce qu'il fallait raser ou ne pas raser, ne comprenait pas la Bastille dans la liste des exemptés.

Le mot était joli; et Dulaure en effet fit bien voir, immédiatement après la publication de cette plaquette bizarre, que forteresses, remparts, murailles n'avaient pas ses sympathies.

Paris depuis longtemps était une cité ouverte. Ses remparts abaissés et devenus des promenades l'avaient laissé sans enceinte. Il était impossible aux fermiers-généraux de percevoir le droit d'octroi dans une ville aussi facilement accessible, dans une ville sans barrières. Il fallait une muraille, qui non-seulement fût un obstacle, un frein pour les fraudeurs, mais qui portée à une assez longue distance des anciens remparts, et comprenant ainsi dans sa large ceinture tous les quartiers suburbains récemment groupés à l'entour, fût comme un filet immense jeté par les gens de la Ferme sur une foule de petites populations qui jusqu'alors leur avaient échappé. La dépense à faire pour cette muraille, pour les bureaux de barrière, pour les portes, dont il fallait que la construction répondît à la magnificence de la ville ainsi agrandie, devait être énorme. Les fermiers-généraux ne s'en effrayèrent pas; les ressources nouvelles qu'ils allaient se créer leur était une garantie si certaine du prompt remboursement des sommes dépensées!

La construction commença en 1784; je vous laisse à penser quels beaux cris furent poussés par toute la population de Paris et des environs: par ceux qui depuis longtemps vivaient dans la ville, des denrées passées en fraude; et par ceux qui hors de la ville se faisaient un gagne-pain de l'exploitation de cette facile contrebande, ou s'engraissaient en toute impunité, loin de la portée des guetteurs de la Ferme.

Un vers burlesque, dû peut-être au grand faiseur de calembour, M. de Bièvre, est resté pour résumer la façon de penser des Parisiens en cette circonstance :

Le mur, murant Paris, rend Paris murmurant.

Il va sans dire que Dulaure ne fut pas des derniers à faire chorus de mécontentement. Les autres se bornaient à parler : lui, il écrivit, mais comme toujours il ne signa pas. Il y gagna la gloire singulière de voir que sa brochure, *Réclamation d'un citoyen contre une nouvelle enceinte de Paris, élevée par les fermiers-généraux*, était attribuée à une plume bien autrement célèbre que la sienne, celle de Mirabeau. On sait par les *Mémoires secrets* (1) que c'est le bruit qui courut, bruit trop honorable pour que Dulaure, qui d'ailleurs y trouvait un avantage de sécurité, cherchât à le démentir. Voici comment le Recueil, que je viens de citer, mentionne cette flatteuse attribution et fait en quelques lignes l'analyse du nouvel écrit :

« Cette brochure très-courte, attribuée au comte de Mirabeau, fait grand bruit, et excite toute la vigilance de la police.

» Après une épître dédicatoire servant de préface, adressée aux notables citoyens, on leur dénonce l'abus révoltant, la violence la plus indécente exercée par la Ferme ; les bienséances publiques, les droits de la santé des citoyens sacrifiés à la cupidité des Traitants ; enfin son triomphe sur la raison et la justice en élevant autour de Paris ces murs monuments d'esclavage.

» L'auteur entre ensuite en matière ; il établit :

» 1° Que de toutes les enceintes de la ville de Paris, la nouvelle est la seule construite, pour la perception de droits d'entrée ;

» 2° Que les nouvelles murailles sont contraires à la santé des habitants de Paris ;

(1) Tome XXXIII, p. 218.

» 3° Que les nouveaux murs, en étendant les limites de Paris, accroissent ses maux et ses désordres;

» 4° Que l'architecture des bureaux blesse le bon goût, et son luxe insulte à la misère publique;

» 5° Que les plaintes des Parisiens à l'occasion de la nouvelle enceinte, dont l'exécution n'est fondée que sur un simple arrêt du conseil, contenues dans plusieurs requêtes présentées au parlement, ont été étouffées par une évocation au conseil, et qu'on a éludé ainsi les bonnes dispositions du roi, qui avait permis cette entreprise seulement à condition qu'elle ne causerait aucune juste réclamation ;

» 6° Enfin, l'auteur conclut vigoureusement, comme il a commencé, en maudissant la Ferme en général, et surtout celui qui a proposé cette idée, qu'il prétend être M. Lavoisier, de l'Académie des sciences. Il cite le mot du maréchal de Noailles, à qui l'on demandait son avis sur ces murs, et qui répondit en colère : « Je suis d'avis que l'auteur de ce projet soit » pendu. »

S'il est vrai que M. de Noailles ait ainsi parlé, et s'il est vrai aussi que l'idée vint de Lavoisier, la brutale parole fut plus qu'une menace, ce fut une prédiction. L'illustre savant, dont le seul tort fut d'être un financier, monta, moins de six ans après, à l'échafaud.

Dulaure dans l'espèce d'apologie, qu'il fit de lui-même, sous ce titre : *Tableau de ma conduite politique*, n'a pas oublié de parler de cette brochure qui fit tant de tapage et lui valut tant de gloire, *incognito*.

On nous permettra de citer ce qu'il en dit à la page 7; c'est encore de l'histoire de Paris, et nous ne saurions par conséquent entrer dans trop de détails.

« Lorsque, dit-il donc, les fermiers-généraux obtinrent du conseil d'État la permission d'emprisonner Paris et ses faubourgs... lorsqu'on forçait en quelque sorte le peuple à admirer ses chaînes, et les instruments de ses chaînes, j'osai le premier, le seul, écrire contre cet acte révoltant du despotisme... La police fit les recherches les plus actives contre l'ouvrage et contre l'auteur... Un traitant offrait vingt mille livres à qui pourrait me découvrir. »

La même année, 1787, Dulaure fit une autre brochure, mais d'un caractère bien moins dangereux. Un éloge ne l'est jamais, et c'en était un. Pour le premier qu'il s'avisait d'écrire, il n'eut pas la main fort heureuse. Lui, qu'on avait vu attaquer de la façon la plus violente des choses méritant à peine une critique anodine, il se mit à exalter bien fort une pauvreté disgracieuse: le vilain cirque, à moitié souterrain que le duc d'Orléans avait fait bâtir par Louis, au milieu du jardin du Palais-Royal, à l'endroit où le jet d'eau se trouve aujourd'hui.

Cette construction gênante ne subsista que dix ans, et c'était trop encore, elle fut détruite par un incendie en 1798. Après avoir été destinée dans l'origine à des exercices équestres, elle finit par donner successivement asile, d'abord en 1793, au *lycée des Arts*, athénée et théâtre tout à la fois, dirigé par Gaulard-Dusaudray ; puis en 1797, au *théâtre des enfants de Thalie*, et enfin en 1798, au *théâtre de l'Opéra Bouffon*. Il n'y avait pas huit jours que celui-ci était venu s'y installer que le cirque brûla. Si Dulaure avait écrit l'éloge de cette bâtisse, c'était par égard pour Louis, qu'il avait connu en faisant ses études d'architecte, et qui lui avait communiqué tous les détails nécessaires pour une description circonstanciée. Ces détails et le plan mis à la suite de la brochure, dont voici le titre: *Lettre à M. *** sur le cirque qui se construit au Palais-Royal*, 1787, in-8°, assignent à cet écrit de Dulaure un certain intérêt de curiosité historique. On chercherait vainement ailleurs l'histoire du cirque du Palais-Royal (1).

Pour Dulaure, revenir à des descriptions d'architecture, et surtout faire des éloges, c'était se gâter la main ; il reprit bientôt sa tâche de pamphlétaire de l'histoire de Paris. Ce qu'il avait entassé de scandales dans les quatre volumes

---

(1) On trouve dans le catalogue de la bibliothèque Soleinne, t. IV, p. 245, la liste complète des pièces qui y furent jouées.

déjà publiés sur la grande ville et sur ses environs ne lui suffisait pas. Il y ajouta un supplément, où, avec un soin digne d'une plus noble tâche, il enfila une foule d'anecdotes choisies, triées parmi celles qui pouvaient jeter le plus de ridicule et d'odieux sur la religion. Voici comment Villenave analyse ce petit volume de *singularités historiques*, dont le succès se renouvela pendant la Restauration, grâce à une édition qu'en donna Baudouin en 1825 (1) : « La religion, dit Villenave, les évêques, les moines, la noblesse, sont l'objet des tristes élucubrations de l'auteur; les obscénités abondent. Ici c'est l'aventure d'une pisseuse, là ce sont les charmes secrets d'une cabaretière, chantés dans le poëme latin d'un moine historien (Robert Gaguin) (2); ailleurs des dîmes perçues sur les plaisirs matrimoniaux; des capucins fouettés, les orgies des cordeliers qui cajolent des religieuses et les épousent; des archevêques qui se battent à coups de poing; des quolibets sur le prépuce du Seigneur, sur la chemise de la sainte Vierge; sur une assiette de bouillie jetée à la tête de Louis XIV, etc., etc. L'auteur qui garda l'anonyme, ajoute Villenave, se montre beaucoup plus occupé de les conter que de leurs preuves : il n'examine, ni ne discute; et l'époque où il fit paraître son volume doit être remarquée; elle touchait à la Révolution, si même la Révolution n'était pas déjà commencée. » Elle ne l'était pas, bon Villenave, sans cela vous y trouveriez Dulaure lancé bien plus avant qu'il ne l'est encore; vous ne le verriez pas, comme il le fit bientôt, revenir une dernière fois à ces études, ou plutôt à ces satires d'art, qui étaient pour lui, dans l'attente de l'énergique époque d'action, une sorte de récréation et de délassement. La Révolution devait être la grande partie, il pelotait, comme on dit, en attendant.

Après que dans ce méchant livre des *Singularités* il se fut grisé de fausse érudition, comme on se grise de mauvais vin; Dulaure, sans doute pour se remettre le cœur, revint à des préoccupations plus saines, sinon beaucoup plus

(1) Il fut saisi, comme attentatoire aux mœurs.
(2) *Les Récréations historiques* de Dreux du Radier, avaient fourni à Dulaure cette anecdote là. V. T. II.

sensées. Il prit à partie la gent des critiques : c'était faire la guerre à ses pareils. Le salon de 1788 avait été fort attaqué, et c'était merveille qu'il n'eût pas lui-même pris part à l'attaque. Pour ne pas perdre un coup de dent, il s'adressa bravement à ceux qui avaient critiqué.

Le titre de sa brochure de 68 pages est à lui seul fort curieux ; on y voit que tout préoccupait son active intelligence, même les questions d'orthographe : *critique de quinze critiques du salon, et non point sallon, comme l'ont écrit tous ces messieurs, ou notices faites pour donner une idée de ces brochures, suivies d'un résumé des opinions les plus impartiales sur les tableaux exposés au Louvre.* (A Rome et à Paris, chez Gastelier, in-8'.)

Voilà certes un long titre pour une brochure de 68 pages, mais c'est assez l'ordinaire : dans la littérature, comme à la foire, on ne fait jamais plus de bruit, que lorsqu'on n'a rien à montrer ; on n'ouvre jamais une plus grande bouche que lorsqu'on n'a rien à dire. A petit livre, titre long et bruyant ; à grand ouvrage, titre modeste ; ce que Dulaure fit bientôt après suffirait pour donner raison à cet axiome littéraire. A peine avait-il mis au jour cette brochure, à large frontispice, qu'il commença, sous les plus discrètes apparences, un livre de très-longue haleine, et que je ne craindrais pas de dire sérieux si quelque ouvrage pouvait l'être sans l'impartialité, qualité la plus indispensable de l'historien, et qui par malheur ne brilla jamais chez Dulaure... que par son absence.

Description des principaux lieux de France, ainsi s'intitulait cette nouvelle œuvre qui promettait d'étendre aux palais, châteaux, églises de la province, le système de dénigrement déjà mis en œuvre par Dulaure contre les palais, châteaux, églises de Paris et des environs. L'auteur et Lejay, son éditeur, rêvaient dix-huit volumes in-12. En fallait-il moins pour toutes les petites méchancetés projetées et même distillées d'avance ? Ils n'eurent pas satisfaction complète ; plusieurs obstacles entravèrent l'achèvement du livre qui dut s'arrêter au sixième volume. D'abord ce fut la mort de Lejay ; ensuite, — et cet empêchement là portait bien, avec lui, pour Dulaure, sa compensation, — ensuite, dis-je, ce fut la Révolution, qui dès 1790, ayant fait décréter la division de la France en quatre-vingt-six départements, tua du même coup un ouvrage qui avait pris pour base l'ancienne division en trente-deux provinces. Dulaure dut interrompre sa publication et c'est dommage. Je suis en effet de l'avis de Villenave: « Malgré le penchant de l'auteur à recueillir les anecdotes scandaleuses, sa description, dit-il, est un travail savant, fait avec soin, et l'on peut regretter qu'il soit resté inachevé. »

Ce fut la seule contrariété que lui fit ressentir l'avènement du nouveau régime, mais elle fut de courte durée. Elle se perdit dans la joie que dut naturellement lui causer le triomphe de ses idées, triomphe inattendu, et dès l'abord bien plus complet qu'il n'avait pu l'espérer.

Il n'entra pas, au commencement, dans la lutte sérieuse. Il ne prit part qu'aux escarmouches d'avant-postes, et, comme toujours, ce sont quelques brochures, à la pointe envenimée, qui marquèrent son passage, qui signalèrent ses hauts faits de tirailleur politique.

Voici le titre des principales, ou plutôt de celles dont, aidé des indications de Villenave, j'ai pu retrouver la trace: 1° *Adresse au peuple breton;* 2° *Avis aux citoyens français;* 3° *Réflexions sur la procédure criminelle du Châtelet.*

Dans ce dernier libelle, il commençait contre une partie de la magistrature, une petite guerre qu'il continua dans une autre brochure intitulée : *Nouveau complot formé par la magistrature,* in-8°. Les coups qu'il y portait à l'un des corps, les plus honnêtes de l'État, et qu'il aurait dû respecter, ne fût-ce que pour son initiative courageuse dans les événements préparateurs de la Révolution, ne furent rien auprès de ceux que Dulaure multiplia, avec une sorte de rage aveugle, contre la caste qu'il avait toujours le plus détestée, aussi bien que celle des prêtres: la noblesse.

Voici comment il disposa son attaque, avec une sorte de prudence qui consistait à ne frapper un second coup qu'après avoir bien vu l'effet du premier, et dont la principale tactique était de ne livrer la grande bataille, qu'après le gain de petites affaires propres à lui prouver que le terrain sur lequel il marchait était solide, et qu'il y trouvait pour allié, pour soutien, le public. Au lieu d'écrire un gros volume contre les nobles, ce qui lui eût demandé trop de travail et lui eût fait perdre l'avantage du moment opportun, il distribua par petites livraisons tout ce qu'il avait de méchancetés à mettre en circulation. Le poison était de force à faire son effet bien que donné à faibles doses; on le vit bientôt. *Les Métamorphoses*, — ainsi s'appelait cette diatribe à bâtons rompus, cette attaque à petits coups perfides, — se vendirent à un très-grand nombre d'exemplaires. Les livraisons se succédèrent alors, avec plus de rapidité. Quand on en fut à la vingt-unième, comme le succès grandissait toujours, Garnery, libraire de la rue Serpente, qui en était l'éditeur, prévint Dulaure, si toutefois il était nécessaire de le prévenir d'un succès, auquel il attachait un intérêt trop grand pour n'en pas suivre toutes les phases; et il fut convenu que la publication ainsi morcelée serait interrompue; et que désormais au lieu de procéder à bas bruit, sans se nommer et petit à petit, on irait le front découvert, bannière déployée, et tout le corps d'armée en bataille. Dulaure n'avait jusqu'ici tiré qu'à mitraille, il allait maintenant tirer à boulet rouge. Le succès donne de la force, et aussi de l'insolence. Les livraisons portaient sur leur titre: *les Métamorphoses, ou Liste des noms de famille et patronymiques des ci-devant ducs, marquis, comtes, barons;* quand elles se firent livre, le titre se modifia, et voici ce qu'il devint : *Liste des noms des ci-devant nobles de race, robins, prélats, financiers, intrigants, et de tous les aspirants à la noblesse, ou escrocs d'icelle, avec des notes sur leurs familles.* Il va sans dire que la nouvelle édition portait, comme il est d'usage, les fameux mots: *corrigée* et *augmentée.* Elle l'était en effet. Ce qui était trop benin dans la première avait été corrigé, et on l'avait *augmentée* de ce qui, dans cette première édition, avait pu manquer en malveillance. Le volume portait en outre une épigraphe qui ne s'était pas lue sur les livraisons. A livre peu sérieux, devise de même. C'est Arlequin qui avait fait les frais de celle que prit Dulaure:

Si notre père Adam avait recherché une charge de secrétaire du Roi, nous serions tous nobles.

Le mot est joli, mais dans une farce, et non pas sur la couverture d'un livre. D'ailleurs, comme l'a remarqué avant nous, M. C. Leynadier, il n'est qu'une réminiscence de la devise adoptée aux quinzième et seizième siècles par les niveleurs anglais:

When Adam delved and Even span
When was then the Gentleman?

« Lorsqu'Adam pîochait et qu'Ève filait, où était le gentilhomme? »

Dans une réfutation publiée en 1839 par le *Mémorial de la noblesse* et réimprimée récemment (1), M. Paul Lacroix a fait ainsi l'histoire du livre de Dulaure et de son succès qui fut immense. Il le prend dès l'époque où il paraissait par livraisons.

« La critique, dit-il, vanta le savoir et le bon goût qu'on remarquait dans cette compilation hérissée de mensonges, ou du moins d'erreurs; les gazettes, dont les rédacteurs se respectaient, en respectant leurs lecteurs, ne parlèrent pas du livre, malgré le bruit et le scandale qu'il sema sur son passage; deux ou trois personnalités à peine osèrent prendre la défense de la noblesse à leurs risques et périls; mais ces voix généreuses se lassèrent ou s'intimidèrent, et les livraisons des deux volumes suivants se succédèrent sans interruption, sans rétractation. Le libraire eut la hardiesse de terminer chaque numéro par cet avis:

« Les personnes qui auraient quelques renseignements à fournir sur » cette matière, sont priées de les faire parvenir à l'adresse ci-dessous. »

» Il y avait ainsi un bureau ouvert aux délations contre les nobles, qui émigraient déjà de toutes parts, et qui croyaient plus urgent de sauver leur vie que leur nom, leurs titres et leurs aïeux.

» La *Liste des Nobles*, continue M. P. Lacroix, atteignit, dans le cours

(1) *Curiosités de l'Histoire de France*, p. 208, 209.

de 1791, la fin de la troisième partie; mais la suite qui était annoncée et attendue ne fut pas mise sous presse. Dulaure avait fait paraître en même temps une espèce de contrefaçon de son pamphlet, sous ce titre légèrement modifié: *Étrennes à la noblesse, ou précis historique et critique sur l'origine des ci-devant Ducs, Comtes, Barons, etc., Excellences, Monseigneurs, Grandeurs et anoblis.* L'éditeur de ce volume in-8° de 230 pages, fut Jean Thomas, qui en vendit un assez grand nombre, pour désirer que l'insulteur de la noblesse ne ralentît pas cette lâche et infâme guerre, durant laquelle personne n'avait osé relever le gant, jeté dans la boue; mais Dulaure sentit peut-être lui-même qu'il avait trop beau jeu à marcher sur un corps politique renversé à terre par la force des événements : il eut honte d'une pareille victoire, et il cessa de s'escrimer contre des noms, qu'il regardait comme évanouis désormais.

» Son livre avait eu, en France et en Europe, un effroyable retentissement: ce livre avait autorisé toutes les lois d'exception et de terreur contre les nobles, traqués partout, et poursuivis jusque dans les sépultures de leurs ancêtres; il était dans la main des juges et des bourreaux; il se couvrait de taches de sang à chaque page. C'en était fait de la noblesse et des nobles. Dulaure se dit, comme Dieu après la création: *cela est bien*, et se reposa de la fameuse croisade qu'il avait prêchée contre les ennemis de la *souveraineté populaire* et des *droits de l'homme.* »

Il n'y eut pas seulement, selon moi, lassitude de sa part, il y eut dégoût : on va voir comment peu à peu Dulaure avait pu arriver à en ressentir pour cette révolution qui lui avait d'abord été si chère. C'est toujours d'après lui que nous parlerons, et le plus souvent c'est à lui-même que nous laisserons la parole.

Dès les premiers temps de l'organisation des clubs, il avait fait partie de celui des Cordeliers. On l'avait admis comme un des hommes intelligents du quartier. Rien alors ne valait pour lui le titre de *citoyen du district des Cordeliers*, aussi s'empressait-il de le prendre, pour signer une brochure qu'il avait écrite sous la préoccupation des haines anti-aristocratiques, devenues pour lui une sorte d'idée fixe. *Réfutation des opinions de M. Necker, relativement au décret de l'Assemblée nationale concernant les titres, les noms et les armoiries,* ainsi était intitulé ce nouveau libelle, en tête duquel Dulaure prenant encore à partie l'ancienne noblesse, n'avait trouvé rien de mieux, comme ironie et contraste, que d'arborer une qualification révolutionnaire. Il ne savait pas encore qu'en agissant ainsi, lui, l'ennemi des aristocrates, il s'enrôlait dans une redoutable aristocratie : celle de la Terreur.

Le journalisme était devenu une arme ; Dulaure pensa qu'il en comprendrait le maniement aussi bien que tout autre: il se mit donc à publier un journal. Malheureusement, il n'avait pas commencé par consulter ses forces, il ne s'était pas demandé tout d'abord : de quoi mon esprit est-il capable? *Quid valeant humeri?* comme dit Horace. Parce que, depuis quelque temps déjà, il tenait une plume, il se croyait propre à tout pour la littérature comme pour la politique, et par conséquent aussi pour le journalisme, qui est l'alliance, la fusion de l'une avec l'autre. Il croyait être un écrivain, première illusion; et un écrivain d'esprit léger, autre illusion plus amère. Se mettre en lutte avec Rivarol, Champcenetz et les autres, lui semblait chose naturelle; il entra donc en guerre contre la satire leste, charmante, toute rayonnante d'étincelles, dont ces railleurs lançaient les légers fascicules, comme autant de fusées; aux *Actes des Apôtres,* il opposa la grosse artillerie de ses quolibets d'érudit ; à ces petites feuilles, tout envenimées d'ironie, ailées comme une flèche, et acérées comme elle, il opposa la publication pesante et bientôt essoufflée, ayant pour titre : les *Évangélistes du jour.*

« C'était, dit-il lui-même, un ouvrage périodique; mais je n'ai pu le continuer. »

Pourquoi? Il ne s'explique pas; mais après ce que nous venons de dire nous-mêmes on ne le demandera plus, je pense.

Si la plume lui faisait défaut pour le journal, la parole ne lui manquait pas moins pour le club. Quand il s'agissait de parler en public, il était l'impuissance même : une grande timidité naturelle paralysait sa pensée, et un bégaiement invincible enchaînait sur ses lèvres le peu d'idées que cette timidité avait laissé arriver jusque-là. Ainsi dépourvu, Dulaure ne pouvait pas être appelé à jouer un grand rôle dans la Révolution. Il se l'avoua de bonne heure, et son ambition ne réclama point. Ne pouvant davantage, il se contenta du rôle d'honnête homme; emploi pour lequel on trouve moins d'acteurs que pour celui d'homme habile.

« Je n'étais point orateur, écrit-il dans le *Tableau de sa conduite politique* (1), mais j'avais la réputation d'homme de lettres, patriote pur, etc. » Quelques pages auparavant (2), il s'était expliqué déjà sur cette triste tâche de comparse politique, à laquelle son défaut de moyens l'avait forcé de se tenir; et sur le profit qu'il en avait tiré, comme historien. Le figurant en effet est mieux placé pour observer que le simple spectateur. Les illusions qui surprennent et dupent l'attention de celui-ci n'existent pas pour lui ; s'il ne prend point part à la fabrication des grandes machines, il en voit du moins le jeu ; s'il ne se mêle pas aux grands coups de théâtre, s'il n'y met pas la main : il sait du moins comment ils se disposent et comment l'effet en peut être préparé. C'est ainsi que Dulaure, par sa position secondaire au club des Cordeliers, puis à celui des Jacobins, se trouva tout à fait à même d'étudier ce qui s'y tramait, de suivre de l'œil tous les coups ; c'est ainsi que par suite, il aurait aussi pu mieux que personne être l'historien de ces assemblées redoutables; si, comme je l'ai dit, il ne s'était tout d'abord rendu cette mission impossible par une partialité de parti pris, qui équivaut en histoire à une sorte de cécité complète : *Aures habent et non audient, oculos habent et non videbunt.*

« Toujours plus observateur qu'acteur, dit-il à l'endroit indiqué plus haut, je fus placé par le hasard, au centre de la Révolution, parmi les

hommes les plus marquants, d'abord dans le fameux district des Cordeliers,
devenu depuis section du Théâtre-Français, où figuraient les Danton, les
Fabre d'Églantine, les Camille Desmoulins, les Linguet, les Dufourni, les
Billault-Varennes, les Marat, les Chaumettes, etc. De ma section, ajoute-t-
il, j'ai suivi la plupart d'entre eux à la société des Jacobins, puis à la Convention nationale ; j'ai pu les étudier et les apprécier. »

Dans les entr'actes du grand drame qui se jouait là, Dulaure eut le temps
d'écrire encore un gros pamphlet en guise d'intermède. Comme suite et
pendant à son libelle contre les nobles, il publia la *Vie privée des ecclésias-
tiques, prélats et autres fonctionnaires publics qui n'ont point prêté leur serment sur la constitution civile du clergé*, 3 petits volumes in-8°. Ce n'est
pas tout ; un figurant, même politique, ayant tous ses loisirs, Dulaure, une
fois qu'il avait dépouillé la carmagnole du clubiste, reprenait la plume du
gazetier, ce subtil instrument qu'il se croyait capable de manier avec tant
d'habileté. Il envoyait des articles aux feuilles les plus avancées, puis cette
collaboration éparse et trop peu continue ne suffisant pas à son activité, il
finit par créer lui-même un journal. Le *Thermomètre du jour*, tel en fut le
titre. Il commença de paraître le 11 août 1791, et finit le 7 juillet 1793, ce
qui fit un peu moins de deux ans, et un total de 698 numéros.

Il avait pris pour épigraphe : VARIÉTÉ, VÉRITÉ, CÉLÉRITÉ ; *variété*, je le
crois sans peine, il y en avait tant dans les événements, qu'un journal ne
pouvait manquer d'en refléter quelque chose ; *célérité*, soit encore ; l'activité bien connue de Dulaure m'est caution que cette partie du programme
devait être bien remplie ; mais *vérité*, c'est différent. Sur ce dernier point, sa
partialité, trop bien connue aussi, me met en défiance. D'ailleurs existât-
elle par le fonds, la forme l'altérait, la gâtait singulièrement. Elle manquait
surtout parfois de la convenance la plus élémentaire. Bref, comme l'a remarqué Villenave, elle n'était pas toujours dite *proprement*. On en va juger
par ces quelques lignes de l'un des premiers numéros, celui du 13 août 1791,
page 4 : « Il y a, disait Dulaure, des hommes qui sont devoyés par une in-

digestion d'ambition et qui font, d'eux-mêmes, *caca sur leur fortune.* » Le Père Duchesne n'eût pas mieux dit.

Je n'entreprendrai pas une analyse détaillée des 698 numéros de cette feuille. Le sommaire de quelques-uns suffira pour en faire connaître l'esprit. On y retrouvera le ton emphatique et la grosse voix que les gazetiers du temps avaient tous pris à l'imitation des anciens crieurs de complaintes. Ici c'est le *Grand complot pour favoriser l'évasion du Roi!* là, c'est la *Grande arrestation de Jean de Castellane, évêque de Mende;* ailleurs, *le Grand décret d'accusation contre M. de Noailles, ambassadeur à Vienne.* Dulaure en effet a toujours l'œil sur ce qui se passe à l'étranger. Son *Thermomètre* ne suit pas seulement les variations de l'opinion à Paris, il a la prétention d'indiquer aussi tous les changements qui s'opèrent dans l'atmosphère politique des divers États de l'Europe. Parfois, il se transforme et devient *baromètre;* lorsqu'il y a danger, il marque *tempête!*

C'est lui qui, le premier, publia le traité secret que les puissances européennes avaient signé à Pavie, au mois de juillet 1791, pour le partage de la France et de l'Europe. On peut en lire la teneur, dans le numéro 324 du *Thermomètre* (19 novembre 1792), avec ces quelques lignes de préambule :

« On a souvent entendu parler d'un traité secret de partage de la France; ce traité n'était point chimérique, et ce n'était pas seulement la France qu'il s'agissait de partager. Cinq ou six têtes accoutumées par la bêtise des peuples à regarder l'Europe et les hommes qui l'habitent, comme leur propriété, s'étaient arrangées pour en disposer selon leur bon plaisir. »

S'il y avait quelque chose à reprocher à Dulaure, ce n'était certainement pas l'absence de patriotisme. Cette grande vertu civique le possédait tout entier, mais il la comprenait à sa manière, c'est-à-dire avec le libre usage de la liberté personnelle, avec la plus complète indépendance. Il voulait la liberté pour tous, mais pour lui-même tout d'abord; s'il demandait qu'on donnât des ailes à la libre pensée de chacun, il lui semblait bon que l'on n'enchaînât pas la sienne. Il avait contribué à détruire la tyrannie d'un seul, et il prétendit ne pas subir le despotisme de plusieurs. Il dut s'y soumettre cependant; la République, entre autres chaînes, avait une censure. Dulaure, devenu journaliste, la connut bientôt. Quelques-uns de ses numéros où il prêchait trop hardiment le patriotisme pur, la liberté idéale dégagée de toute préoccupation de parti, furent impitoyablement saisis, et il dut, comme le dernier des aristocrates, faire des démarches pour les réclamer. Une autre surprise, un autre sujet de mécontentement l'attendait. Le censeur révolutionnaire auquel il lui fallut s'adresser fut bientôt déconcerté, désarçonné par la vigueur impétueuse de ses arguments; et qui fut étonné? ce fut Dulaure quand il entendit ce censeur mis à bout, lui dire ingénuement : « Que voulez-vous que j'y fasse? je ne gagne rien à cela. Je suis un pauvre serrurier, je fais ce qu'on me dit : j'aurais mieux aimé qu'on m'eût laissé dans ma boutique, » et Dulaure ajoute: « Un serrurier censeur de la pensée! » Pourquoi pas puisque la censure est une chaîne?

Aux Jacobins, autres mécomptes encore. La liberté s'y interprétait; l'idée républicaine s'y transformait au gré de certains principes qui n'étaient pas les siens et que son naïf patriotisme n'aurait certainement pas inventés. Dans un passage de son livre, *Tableau de ma conduite politique* (1), il nous initie d'une manière fort curieuse aux pensées secrètes et peu désintéressées des chefs de parti. Voici comment, et sans presque le vouloir, il fut à même d'en savoir le mot. Après avoir été l'un des soixante membres du comité épuratoire, on l'avait admis dans le comité de correspondance; et le maniement des mystères du club était alors tout naturellement entré dans ses attributions. C'était tout profit pour sa curiosité, et par suite pour l'histoire, puisqu'il a bien voulu révéler quelques-unes des choses qu'il apprit alors.

« Après les événements du 10 août 1792, dit-il par exemple, une société du département du Jura ou de l'Ain écrivit à la société des Jacobins de

(1) Paris, Guillaume, 1823, 2 vol. in-12.

Paris, une lettre où les principes républicains étaient vigoureusement exprimés, et où l'on demandait formellement l'établissement de la République. En ma qualité de membre du comité de correspondance, j'étais chargé de répondre à cette lettre. Ma réponse annonçait mon penchant pour cette forme de gouvernement. Le comité, composé alors d'une partie des membres qui ont depuis figuré avec Robespierre dans le comité de salut public, désapprouva ma rédaction, et je fus obligé d'y revenir jusqu'à trois fois, pour, selon leur intention, *monarchiser* ma réponse. Cela m'étonna alors; Plus tard, cela m'étonna moins, quand je pus me convaincre qu'ils voulaient *monarchiser* la République. »

La révélation faite ici par Dulaure, se trouve d'accord, non point sans doute avec les idées admises, et qui tendent à faire de Robespierre et de Marat des types de républicanisme pur ; mais avec les déclarations mêmes de ces deux chefs du parti jacobin, et notamment avec les idées hautement exprimées par Marat dans son *Ami du peuple*. En publiant en 1790, un projet de constitution, qu'avait-il dit? « Dans un grand État, la forme du gouvernement doit être monarchique ; c'est la seule qui convienne à la France, l'étendue du royaume, sa position et la multiplicité de ses rapports le nécessitent, et il faudrait s'y tenir par tant de raisons puissantes, lors même que le caractère de ses peuples permettrait un autre choix. »

Et ce fut toujours ainsi que pensa, parla et écrivit Marat, c'est encore Dulaure qui l'affirme: « Il ne cessa, dit-il, de demander dans son journal, tantôt un tribun du peuple, tantôt un triumvirat (qui aurait été composé de lui-même, de Robespierre et de Danton); et puis successivement un dictateur, un régulateur, un chef. Était-ce donc la peine de briser la monarchie? »

Dulaure se trouvant ainsi involontairement initié à une partie du secret de ces hommes, et comprenant le danger que sa chère république pouvait courir entre leurs mains, ne devait pas tenir à faire longtemps société avec eux. Fuir leur contact, ne pas rester sous le coup de leurs défiances et de leurs

haines ; marcher seul dans la force inaltérée de ses convictions, dans l'indépendance de son patriotisme : tel était son unique désir. Il n'avait d'autre ambition que de rester tranquille et pur, et d'apporter dans la modeste propor-
tion de ses moyens et de son esprit, sa part d'action au triomphe de la
grande œuvre républicaine. Ce fut donc, comme il l'a dit lui-même, avec
une sorte de terreur qu'il se vit tirer de son laborieux et tranquille isolement
pour prendre part comme membre de la Convention, à l'ardente bataille
qui se livrait chaque jour dans cette assemblée. Il fut élu dans le département du Puy-de-Dôme, sans avoir fait aucune démarche, sans nullement
s'y attendre.

Voici comment dans ses *Mémoires* inédits, il parle de cette élection, et
des pressentiments douloureux qu'elle lui inspira tout d'abord.

« A la lecture du procès-verbal qui la constatait, dit-il, je fus frappé d'é-
tonnement et d'effroi. Je ne m'attendais pas à cet honneur ; je n'étais point
effrayé du progrès de nos ennemis, dont les troupes s'avançaient jusqu'à
vingt lieues de Paris, mais je l'étais de la grandeur des devoirs que j'avais
à remplir ; mais je l'étais de la naissance d'une faction sanguinaire qui
semblait menacer la France entière de ses exploits désastreux, qui venait
de se signaler d'une manière atroce par les massacres des premiers jours de
septembre 1792, qui souilleront les pages de l'histoire, et seront comparés
aux vêpres siciliennes, à la boucherie des Armagnacs, aux massacres de la
Saint-Barthélemy... voilà ce que je craignais, et mes craintes se sont réa-
lisées. »

Malheureusement ces terreurs ne lui furent que des lumières tardives.
Soit qu'il cédât aux vertiges du gouffre ou plutôt encore à cette fascination
qui attire l'être faible dans les serres de l'oiseau de proie et le met sous sa
complète domination ; soit que l'entraînement de ses convictions fût devenu
tel, qu'il dût, malgré son honnêteté naturelle, se laisser égarer au delà de
la justice et de l'humanité, Dulaure commença par se faire le complice des
hommes dont il vient de nous dire que l'ambition meurtrière et sans frein

l'épouvantait. Lors du procès de Louis XVI, il leur prêta le secours de sa plume de journaliste, et celui de son vote de député. L'un prépara l'autre, et si bien, que lorsque fut venue l'heure de dire le mot fatal, *la mort*, le pamphlétaire avait d'avance si complétement engagé la parole du juge que le remords même n'aurait pu lui devenir un conseil. Après avoir tout fait pour entraîner la conviction des autres, Dulaure, ne fût-ce que pour prouver qu'il s'était bien convaincu lui-même, devait voter la mort, sans sursis et sans appel. C'est ce qu'il fit.

Voyons, en quelques mots, comment il s'était lui-même assez grisé du poison de ses doctrines, pour arriver à cet inexorable arrêt. Tout ce qu'il semble s'être fait de réflexions sur cette grave affaire de la vie et de la mort d'un roi, se trouve formulé en huit petites pages qu'il date du 2 décembre de l'an Ier de la République, et auxquelles il donne ce titre: *Opinion sur le jugement du ci-devant roi.* Il se pose les cinq grandes questions, et il les résout, on va le voir, le plus lestement et le plus laconiquement du monde.

1° Le ci-devant roi doit-il être jugé? « La question, répond Dulaure, se trouve résolue affirmativement par le droit et par le fait. »

2° Par qui doit-il être jugé? « La Convention a seule le droit de juger Louis Capet, de faire la loi et de l'appliquer. »

3° Quelle est l'inviolabilité du roi accordée par la constitution? « Louis XVI, par ses trahisons, ses trames scélérates... a, le premier, violé le contrat de la constitution; ainsi il ne peut plus l'invoquer. »

4° Quel doit être le jugement du ci-devant roi? « Si la grandeur du crime doit être la mesure du châtiment, l'énormité des crimes de Louis XVI appelle sur sa tête le plus terrible des châtiments... Et quel châtiment assez vigoureux pourra expier leur énormité?... sa mort est donc une justice. » Cela dit, pour ajouter à la fureur des furieux, Dulaure s'attaque aux faibles, « à ces hommes imbéciles, lâches, injustes qui pleurent sur la destinée d'un vil oppresseur. » Qui parle de pitié nationale? s'écrie-t-il,

« ce serait un crime de lèze-justice, de lèze-humanité. » Puis il passe à la
dernière question.

5° L'exécution du ci-devant roi, se demande-t-il, est-elle une nécessité
pour la nation ? et aussitôt il se fait à lui-même cette impitoyable réponse :
« La mort de Louis Capet profondément criminel sera utile. Toutes les
trames scélérates, mises au jour depuis qu'on s'occupe du procès du roi ne
peuvent venir que de lui. La justice, le salut public, la liberté sollicitent
donc à la fois la mort du coupable, et la sollicitent promptement. Nous
devons cet acte de justice à nous-mêmes, au peuple, à l'univers qui nous
contemple. Apprenons aux nations étrangères que la main du bourreau va
détruire le vain prestige de la royauté. »

Après avoir écrit de pareilles lignes, voter la mort était le moindre des
crimes; Dulaure, nous l'avons dit, n'y manqua pas. Une fois que la proie
royale eut été dévorée, la Convention se chercha une autre proie, et c'est
dans son sein même qu'elle la voulut trouver.

L'union que le sentiment d'une haine commune avait formée entre les
partis, qui se partageaient l'assemblée, se rompit d'elle-même quand le but
de ces efforts sanglants eut été atteint. Les bourreaux devenus oisifs
se regardèrent, et ce fut à qui d'entre eux se jetterait le premier sur l'autre.
Entre la Gironde et la Montagne, il n'y avait d'autre lien que la complicité
du régicide; l'acte terrible étant accompli, le pacte d'union se trouvait fatalement rompu. Il n'y eut plus que des rivaux en présence; or, en temps
de révolution où toute passion se porte à l'extrême, la rivalité, c'est la
guerre à mort.

D'un côté, celui des Girondins, était l'esprit et l'éloquence, la double
puissance de la plume et de la parole; ils triomphaient à la tribune et dans
le journal. De l'autre côté, celui des Montagnards, étaient le nombre et la
violence sans frein. C'était la force; comme toujours, elle l'emporta. La Gironde ainsi que tous ses amis, — et Dulaure était du nombre, sauf quelques
divergences de détail dont nous parlerons, —furent traqués dans un de leurs

·forts, le journalisme. On voulut leur enlever l'une des armes qui leur permettaient de commander à l'opinion.

Dans les premiers jours du mois de mars 1793, la Montagne, qui n'avait rien à risquer pour les siens dans une pareille mesure, mais tout à gagner par la perte que le parti contraire devait éprouver, fit décréter, qu'à l'avenir aucun journal ne pourrait être rédigé par des membres de la Convention.

« On envoya, dit Dulaure (1), des brigands armés, chez les journalistes les plus distingués, qui échappèrent aux poignards; mais leurs presses furent brisées, leurs imprimeries dévastées. » Dulaure, qui pourtant ne se soumit que plusieurs mois après, puisque son journal parut jusqu'au 7 juillet, ajoute un peu plus loin : « les représentants qui rédigeaient des journaux obéirent à ce décret tout attentatoire qu'il était aux principes... Marat et Audoin, deux députés journalistes, furent les seuls qui ne s'y soumirent pas. Les tyrans ne se croient pas faits pour obéir à leurs propres lois. »

On voit à ces derniers mots que Dulaure n'avait plus d'illusions sur les nouvelles variétés de despotisme qui s'étaient révélées à l'ombre de la liberté. S'il lui eût alors fallu choisir entre ces gens qui faisaient de l'iniquité, de par le droit du peuple, et ce pouvoir déchu dont les excès s'étaient autorisés du droit divin, qu'aurait-il dit? sans doute ce qu'écrivait un jour madame Roland livrée à de semblables désillusions: « L'ami de ses semblables et de la liberté hait aussi puissamment, et dénonce avec une égale vigueur la tyrannie royale ou populaire, le despotisme du trône et l'astuce des cours, les désordres de l'anarchie, et la férocité des brigands. »

Ce n'est pas la première fois qu'il y aurait eu communauté de pensée et de colère entre Dulaure et la vaillante épouse du ministre Roland. Il la connaissait depuis près d'une année, et sur une aimable invitation qu'elle lui avait faite, il avait souvent pris place aux repas républicains qui se

____

(1) *Tableau de ma vie politique*, p. 33-34.

donnaient tous les lundis chez le ministre. On y faisait du républicanisme honnête en petit comité, du fédéralisme intime. C'est par l'envoi de son journal, que Dulaure s'était attiré cette grâce. Le 18 mai 1792, peu de jours après qu'il en eut adressé un numéro à madame Roland, elle lui avait écrit ce petit billet, que les *Mémoires* inédits de Dulaure ont fait connaître :

« J'ai reçu, monsieur, avec reconnaissance, le journal que vous avez bien voulu m'envoyer ; je l'ai lu avec intérêt, et je n'ai jamais besoin d'appliquer l'indulgence à l'égard du patriotisme dirigé par les lumières.

» Agréez mes remerciements, et veuillez vous ressouvenir que M. Roland dîne toujours chez lui, le lundi, lorsqu'il entrera dans vos arrangements d'augmenter le nombre des bons citoyens dont il aime à s'entourer. »

Ces bonnes relations de Dulaure avec madame Roland s'altérèrent plus tard, et ce qu'il y a de fâcheux à dire c'est que le froid qui se fit entre eux, eut pour cause un article publié par Dulaure (1) dans un moment, où se souvenant de son ancienne amitié, il n'aurait dû se permettre à aucun prix quelque chose qui ressemblât à une attaque contre la femme du ministre : elle était en prison. Lorsque le numéro du journal lui fut mis sous les yeux, elle pensa que la Montagne avait séduit Dulaure, pour lequel elle s'était accoutumé à professer tant d'estime ; aussi, lui rendant oubli pour oubli, le confondit-elle, lui le fidèle d'autrefois, parmi ces insulteurs de l'infortune, qu'une page de ses *Mémoires* (2) a stigmatisés ainsi :

« Ésope nous représente tous les animaux tremblant ordinairement à l'aspect du lion, venant l'insulter chacun à leur tour, lorsqu'il est malade : ainsi la cohue des hommes médiocres, trompés ou jaloux, assaillent avec fureur ceux que l'oppression retient captifs, ou dont elle diminue les facultés en attirant l'opinion sur leur compte. »

L'article qui portait ce titre : *Interrogatoire de L. P d'Orléans*, contenait en effet contre Roland et sa femme une inculpation grave. On les faisait

(1) *Le Thermomètre du jour*, n° 536 (9 juin 1793).
(2) *Mémoires de madame Roland*, 1827, in-12, t. II, p. 20.

les complices d'Égalité. Car on l'accusait entre autres choses: « d'avoir. assisté à des conciliabules secrets qui se tenaient chez Buzot, dans le faubourg Saint-Germain, où se sont rendus Dumouriez, Roland et sa femme, Vergniaud, Brissot, Gensonné, Gorsas, Louvet, Pétion, Guadet, etc. »

Madame Roland ne put, à la lecture de ces lignes, retenir son indignation et la réponse qu'elle lui dictait. Le 9 juin donc, c'est-à-dire le jour même de la publication de l'article, elle écrivit à Dulaure, de la prison de l'Abbaye : « Si quelque chose pouvait étonner encore l'innocence, lorsqu'elle se trouve déjà sous le joug de l'oppression, je vous dirais, citoyen, que je viens de lire avec la plus grande surprise les absurdités consignées dans votre numéro de ce jour, sous le titre d'interrogatoire de Philippe d'Orléans, que le hasard m'a fait tomber dans les mains. Il serait fort étrange, si l'expérience n'avait prouvé que c'est seulement fort audacieux, que les personnes qui, les premières, ont craint, dénoncé, poursuivi une faction d'Orléans, fussent présentées comme l'ayant formée elles-mêmes,.......

« Citoyen, disait-elle un peu plus loin, je vous ai connu; je vous crois honnête : combien vous gémirez un jour. »

Puis en *post-scriptum* elle écrivait :

« Ni Roland ni moi n'avons jamais vu Philippe d'Orléans; je dois ajouter que j'ai toujours entendu les députés nommés dans l'*interrogatoire* cité au *Thermomètre* de ce jour, professer pour ce personnage un mépris semblable à celui qu'il m'inspire; et qu'enfin, si nous nous sommes entretenus à son sujet, ça été en raisonnant sur les craintes qu'il pouvait inspirer aux vrais amis de la liberté, et sur la nécessité de le faire bannir par cette raison. »

Que put dire Dulaure lorsqu'il reçut cette lettre? Il reconnut, sans nul doute, la justesse des réclamations qu'elle contenait; mais sans doute il se trouva pour lui-même aussi une justification, en pensant qu'il n'avait fait, après tout, que reproduire une pièce officielle. Dans ce seul fait de reproduction, il y avait donc un danger; les actes des fatales juridictions dont on relevait alors étaient donc telles que pour devenir coupable il suffisait d'en avoir été le scribe trop complaisant.

Pour Dulaure, à ce moment de la Terreur, le danger était partout, et nulle part la sympathie complète. Les hommes de la Montagne lui faisaient horreur; après l'assassinat de Marat son indignation et ses regrets avaient paru si tièdes que la *veuve de l'ami du peuple* l'avait accusé de *vanter* Charlotte Corday. Sa répugnance pour les terroristes devait le jeter naturellement dans le parti contraire, mais l'entente de ses opinions avec celles qui régnaient de ce côté n'était pas non plus parfaite. Sa brochure du *Fédéralisme en France*, où il combattait l'une des utopies favorites des Girondins fit bien voir la dissidence qui existait entre eux et lui. Non-seulement il n'était pas fédéraliste, mais encore il ne croyait pas qu'on pût l'être, et il déclarait qu'en somme les fédéralistes n'existaient pas. « Ce mot, dit-il, n'a été inventé que pour donner du corps à un fantôme de conspiration, que pour remplacer les mots de Brissotin, de Rolandin, hommes d'État qui étaient déjà usés, et l'on a fait croire aux fédéralistes, en les envoyant à la guillotine, tout comme autrefois on faisait croire aux sorciers en les envoyant au feu. »

La Montagne le tira de l'embarras dans lequel il se trouvait pour prendre parti; elle fit pour lui le choix qu'il ne savait pas faire; avec son équité ordinaire, elle le plaça dans la faction qu'il venait justement de combattre! Elle voulait se débarrasser de lui, et, afin d'en finir plus vite, elle le mettait ainsi dans la fournée de victimes qu'elle devait expédier la première pour l'échafaud!

Si Dulaure, à cause de ses répugnances pour le Fédéralisme, n'était pas de la Gironde par la plénitude des convictions, il en était par le cœur, et c'est ce qu'avaient sans doute compris les montagnards, lorsque, sentant qu'il n'était pas avec eux, ils s'étaient hâtés de le mettre dans le camp ennemi, pour le placer dans un parti quelconque. « Sois mon frère ou je te tue, » avait dit Champfort dans sa parodie sanglante de la devise républicaine. Dulaure, n'étant pas un frère pour les montagnards, devait fatalement être confondu avec ceux qu'ils avaient voués à la guillotine. Il fut donc dès lors mis à l'index du bourreau. Tous ceux qui étaient suspects avec lui crurent pour cela même qu'il était devenu des leurs. Les soupçons de leurs ennemis communs lui servirent de réhabilitation. Madame Roland elle-même qui avait senti l'estime lui revenir pour Dulaure quand elle avait su à quelle poursuite il était en butte à son tour, avait pu écrire dans une note de ses Mémoires, en regard du passage où elle l'incriminait tout à l'heure : « J'ai appris depuis que les derniers excès de la Montagne l'avaient éclairé et ramené. »

Ce n'est pas tout ; comme elle cherchait partout des défenseurs pour les Girondins mis en jugement, elle pensa que Dulaure, purifié par la haine de la Montagne, était redevenu digne de partager les dangers de cette héroïque défense. Un jour il reçut le billet suivant, qui n'était pas signé, mais dont il reconnut aussitôt l'écriture. Ce n'était pas une lettre de cordiale invitation comme la première que madame Roland lui avait adressée, ni deux longues pages de récrimination comme la seconde qu'il avait reçue, il n'y avait pas deux mois. Ce n'étaient que quelques lignes émues et vives comme un cri d'alarme.

« Tonne, brave Dulaure, y lisait-on, tes collègues vont être victimes de la plus atroce injustice! songe que le tribunal qui juge n'est pas nommé par le peuple. »

« Mais, écrit Dulaure dans ses *Mémoires inédits* après avoir cité cette lettre, je n'avais plus alors de tonnerre en main, déjà l'orage grondait sur ma propre tête; j'allais en être frappé. »

Son journal avait cessé de paraître le 7 juillet, et pour tenir en haleine son activité d'écrivain, il avait écrit une brochure ayant pour titre *Physionomie de la Convention*, vive et énergique peinture dans laquelle avait passé tout son fiel; mais, comme l'a dit Villenave, « il peignait alors sous le glaive. »

Le 3 octobre, Amar vint au nom du comité du Salut public faire son rapport contre les Girondins. On savait d'avance ce qu'il allait demander ; quand il commença sa lecture les accusés étaient déjà prisonniers ! Sur la proposition du rapporteur, la Convention avait ordonné que les sentinelles, qui gardaient les issues, ne laisseraient sortir personne. Une partie de l'Assemblée se faisait la geôlière de l'autre.

Le rapport dura plus de trois heures, et Dulaure s'y entendit plusieurs fois nommer. Il se sentit pâlir comme s'il eût été déjà condamné : « Ma femme, mes amis, mes parents, dit-il, la vieillesse de mon père se présentèrent à ma mémoire..... Ma mort sera donc inutile à ma patrie ! Mon sang ne coulera donc que pour cimenter la tyrannie ! »

Après le rapport, on fit lecture de la liste de proscription ; on y voyait figurer quarante-quatre représentants qui devaient être envoyés à l'échafaud sans discussion, sans même qu'on leur laissât le droit de défense. Dulaure écouta la lente et lugubre litanie croyant que chaque nom qui allait tomber des lèvres de l'impassible greffier serait le sien ; il ne fut pas prononcé ! C'était un premier miracle, qui, chose inouïe, se renouvela le lendemain. Dulaure, grâce à l'erreur d'un copiste, fut encore oublié sur la liste des soixante et onze conventionnels dont la demande d'arrestation avait été une des conclusions du rapport d'Amar. Celui-ci vit bientôt qu'il n'avait pas son compte, il le lui fallait à tout prix et il fit à la Convention un nouveau rapport pour réclamer la tête qui lui échappait. « Dulaure est signalé, dit-il (1), comme un des députés journalistes qui pervertissaient l'esprit public..... Votre intention n'est pas de laisser échapper ce criminel. » Il fut content, on le lui rendit. Dulaure fut traduit au tribunal révolutionnaire pour avoir, de concert avec Gorsas, Condorcet et Brissot, diffamé de la plus indécente manière, dans son journal, les députés républicains envoyés en mission dans les départements ; « pour avoir conspiré contre la liberté et la sûreté du peuple français, et enfin contre l'unité et l'indivisibilité de la république. »

(1) *Réimpression du Moniteur*, t. XVIII, p. 176.

Comme il s'attendait à cette revanche de ses bourreaux contre le hasard qui l'avait sauvé, il avait pris ses mesures pour ne point perdre le profit de la miraculeuse omission à laquelle il devait d'être encore libre. Il s'était caché. Son confrère de la Convention, Pénières, bien que suspect lui-même, n'avait pas craint de lui donner asile.

Pénières logeait dans le quartier de la Ville-l'Évêque, alors fort isolé. Sa maison, qui avait deux sorties sur la même façade, communiquait par les caves avec la maison voisine dont elle avait auparavant été une dépendance et qui attenait elle-même à de vastes jardins donnant sur la campagne. Cet asile était donc disposé de telle sorte qu'à la moindre alarme la fuite pouvait être facile. Ce n'était pas alors des considérations à négliger. On vivait dans un temps où chacun pouvait craindre une arrestation et devait par conséquent se demander comment il échapperait. Dulaure, à plus forte raison, qui était proscrit, et à qui importaient les moindres moyens de salut, avait dû soigneusement étudier quelles ressources sa cachette lui offrirait en pareil cas. Il en eut bientôt besoin.

De peur de dénonciation, il n'y avait ni domestique ni portier dans le logement de Pénières. Sa femme et la gouvernante de Dulaure faisaient tout le service. Il était rude car on était en hiver, et il fallait, par les grands froids, s'en aller en pleine nuit faire *queue*, — le mot date du temps, — pendant des heures entières, celle-ci à la porte des boulangers, celle-là près des chantiers. Sans cela pas de pain, pas de bois.

Une nuit qu'elles se préparaient à sortir il leur sembla qu'elles entendaient des bruits de voix dans la rue. Elles regardèrent ; toutes les issues étaient gardées. Point de doute, la maison a été signalée et l'on vient y faire une perquisition. Dulaure, qu'on a réveillé en hâte, prête l'oreille aux bourdonnements des groupes et entend prononcer son nom. Sans perdre une minute il embrasse Pénières et sa femme et prend le chemin des caves. Il était temps, on avait plusieurs fois frappé à la porte et la foule commençait à gronder. La gouvernante de Dulaure prend alors un parti héroïque. Elle sait qu'il faut du temps au fugitif, s'il veut arriver en lieu de sûreté et qu'une diversion est le meilleur moyen pour lui faire gagner ce temps si précieux ; elle endosse une vieille houppelande, ouvre la deuxième porte qui n'est pas surveillée et se met à courir à toutes jambes dans la rue. Elle ne tarde pas à être aperçue et on la poursuit aux cris de : *le voilà, le voilà !* C'est ce qu'elle voulait. Mais aux cris se mêle la fusillade, les balles sifflent à ses oreilles, elle se cache alors dans l'ombre de la muraille et on l'arrête. On lui demande des explications, elle les fait le plus longues qu'elle peut, car toutes ces lenteurs font gagner du temps. Elle se dit de la maison du citoyen Pénières ; elle est, assure-t-elle, aussi bonne républicaine qu'il est bon républicain. Elle sortait, comme à l'ordinaire, pour aller au pain, lorsque, voyant la rue pleine de monde, elle a pris peur et s'est enfuie. Ses réponses sont bien accueillies, mais comme elle entend qu'on parle dans les groupes d'un proscrit qui se cache, elle s'offre d'elle-même à faciliter les recherches, ramène ceux qui l'ont arrêtée jusqu'à la maison, ouvre la porte et les conduit de chambre en chambre sans leur faire grâce d'un cabinet ni d'un meuble. Chaque minute perdue dans cette perquisition minutieuse est, elle le sait encore, une minute gagnée pour Dulaure en fuite. Enfin elle montre un si beau zèle, et quand elle a prouvé que toute perquisition était inutile, elle se livre de si bon cœur à de nouvelles protestations de patriotisme que tous les citoyens émus la récompensent de sa peine et de son civisme par un baiser fraternel.

Dulaure cependant avait gagné Saint-Denis à travers champs. Un nouveau refuge l'y attendait, et le lendemain sa vaillante amie venait l'y rejoindre.

Il ne lui fut pas facile de rester longtemps dans cet asile. Il sentait qu'il était un hôte funeste, et il ne voulait pas attirer sur le toit hospitalier où il avait abrité sa tête les inquiétudes dont sa présence avait fait assaillir la maison du généreux Pénières. Aussi, malgré ses amis, « qui craignaient bien moins de le servir, comme l'a dit Villenave, qu'il ne s'effrayait lui-même de la peur de les compromettre, » il prit la résolution de gagner la frontière et de s'expatrier.

Il partit sans argent, à pied. C'est du côté de la Bourgogne qu'il se diri-gea sous un déguisement que rien ne vint trahir. Il avait pris les habits d'un manœuvre, et le besoin le força d'en exercer le métier. Dans les bourgs où il passait il se louait pour aider aux maçons pendant quelques journées; sa compagne se faisait femme de peine. Quand ils avaient ainsi gagné quel-que argent ils se remettaient en route. Dans le Jura, par lequel ils durent passer pour se rendre en Suisse, ils trouvèrent, comme sur toute la ligne frontière, les routes rigoureusement gardées. Il fallait plus que le déguise-ment ordinaire pour échapper, dans ces passages si bien surveillés, aux éclaireurs de la police républicaine : Dulaure contrefit l'aveugle et sa com-pagne fut son Antigone. Faux infirme mais mendiant véritable, il put, mar-chant toujours et ne se trahissant jamais, arriver enfin en Suisse. Ce furent d'autres misères alors. Comment vivre sur cette terre, amie sans doute, mais étrangère ? L'ex-architecte s'était fait, en Bourgogne et en Franche-Comté, gâcheur de mortier; en Suisse il se souvint qu'il avait jadis habile-ment manié le crayon. Il se présenta comme dessinateur d'étoffes dans une manufacture d'indiennes du canton de Berne, et fut accepté moyennant le plus modique salaire : « Pendant plus de huit mois, dit-il, j'ai vécu en qua-lité d'ouvrier, sans habit, sans linge, gagnant vingt sous en travaillant onze à douze heures par jour. » Ce fut le temps des plus rudes épreuves : « Alors, dit M. G. Leynadier, qui semble avoir eu quelques-unes de ses confidences sur cette époque douloureuse, Dulaure avait des moments de désespoir, presque de folie. Il eut volontiers échangé son crayon d'artiste contre le bourdon du pèlerin, contre le bâton du vagabond... Dans ses heures de dépit d'un grand cœur contre la société, sa jeune gouvernante le calmait. Travaillant comme lui, souffrant comme lui, mais plus résignée, elle lui prodiguait ses soins, ses consolations, ouvrait son âme à l'espérance et jetait un peu de baume dans son cœur ulcéré. Elle lui avait sauvé la vie à Paris, elle lui en adoucissait l'amertume en Suisse : tant de dévouement méritait une récompense, il l'épousa. »

Que faisait-on cependant contre lui à la Convention ? Un de ses collègues venait, du haut de la tribune, demander le remplacement de l'infâme Dulaure. Il voulait au moins, puisqu'on n'avait pu le tuer, qu'on le déclarât mort. L'heure du réveil, de la résurrection n'était pas loin pourtant. Le 9 thermidor arriva, Dulaure, dès qu'il en eut la nouvelle, écrivit de sa retraite de Lentzbourg, canton de Berne, un mémoire aux membres de la Convention, où, loin de chercher à se justifier, car il n'en avait pas besoin, il demandait des explications sur les terribles mesures prises contre lui et qui l'avaient forcé de fuir. Nous avons vu, en 1844, le manuscrit autographe de ce mémoire qui n'a pas moins de quatre grandes pages in-folio d'une écriture très-serrée. Comme il n'a, je crois, jamais été publié, nous en extrairons quelques passages : « Pourquoi, dit Dulaure, suis-je banni du sol de la liberté ? moi qui, depuis plusieurs années, n'ai agi, écrit, pensé que pour elle ! Avant et depuis la révolution j'ai constamment combattu la triple tyrannie des prêtres, des nobles et des rois, et mes écrits, sous l'ancien régime, m'ont mérité d'honorables persécutions. J'ai le premier dévoilé les crimes des familles nobles de France, et puis, dans un ouvrage méthodique, ceux de la noblesse en général. J'ai publié plusieurs écrits contre les prêtres réfractaires, et j'ai fait plusieurs efforts pour leur arracher l'arme terrible qui assurait leur influence sur le peuple, la superstition. J'ai écrit contre les rois dans un temps où il était dangereux de le faire. Je crois être le premier qui, dans le journal que je rédigeais, ait rédigé, avant que la discussion en fût ouverte, mon opinion dans l'affaire du dernier tyran. Dans un écrit imprimé par ordre de la Convention j'ai reproduit cette opinion avec de nouveaux motifs ; j'ai en conséquence voté la mort du tyran, sans appel et sans sursis. Les appels nominaux le témoignent. Quels sont donc mes crimes contre la liberté ? »

Le mémoire parvint à son adresse, mais resta sans réponse. Dulaure écrivit de nouveau, et cette fois sa lettre fut lue dans le sein de la Convention (1). « Jugez-moi, » tel était, en deux mots, le résumé de cette seconde requête : « J'invoque, disait-il, le témoignage de tous mes collègues sur ma moralité, je suis entré pauvre à la Convention, j'en suis également sorti pauvre. Aujourd'hui fugitif et réduit à vivre du travail de mes mains, j'éprouve tous les tourments de la misère. Les plus grands criminels ont le droit de réclamer justice, pourquoi ne pourrais-je pas l'obtenir de mes collègues? Je me présente seul à l'œil de la surveillance la plus sévère; j'appelle sur ma conduite politique l'examen le plus rigoureux. Si mon sang est utile à la patrie, je suis prêt à le répandre; mais, du moins, je supplie la Convention de faire faire un rapport à mon égard. »

Elle n'en prit pas la peine, elle fit mieux. Deux jours après elle rendit un décret qui rappelait Dulaure dans son sein. Son collègue Dévérité et lui furent les seuls à qui l'on fit cette grâce entière (2). Les soixante et onze autres représentants qui étaient alors détenus furent seulement rendus à la liberté.

Dulaure apprit qu'il pouvait rentrer en France au moment où, de lui-même et sans attendre de permission, il avait pris la résolution d'y rentrer. Il s'était même déjà mis en route avec quelque argent que le manufacturier chez lequel il travaillait et qui avait appris à le mieux connaître, lui avait avancé pour faire le voyage.

« Rentré dans la Convention, dit la *Biographie Rabbe* (3), son premier soin fut de se rendre au comité de sûreté générale pour demander la communication des pièces qui avaient servi de bases à son décret d'accusation. Le chef du bureau de ce comité, après plusieurs recherches, lui déclara qu'il n'en existait aucune, qu'il n'en avait jamais existé, et qu'il n'avait pas même existé de dossier sous son nom. » C'est ainsi que la justice s'exerçait alors; c'est ainsi qu'on tuait sans forme de procès.

(1) Séance du 11 frimaire an III.
(2) Rabbe, *Biographie portative des contemporains*, t. I, p. 1461.
(3) *Ibid.*

Au mois de prairial de ce même an III, Dulaure était déjà parti en mission dans les départements de la Corrèze et de la Dordogne. J'ai vu de lui une lettre adressée de Bergerac, le 10 prairial, au comité de Salut public, et relative aux dispositions plus ou moins favorables de ces contrées. En messidor sa mission n'était pas encore terminée; il envoyait le 13 à la Convention le discours qu'il avait prononcé à Brives-la-Gaillarde en l'honneur du député Feraud, dont la mort avait donné lieu à des fêtes funèbres par toute la France (1).

C'est ce qu'il fit de plus éclatant comme orateur. De retour à Paris il reprit la plume; persécuté comme journaliste, c'est comme journaliste qu'il voulut se venger. Il publia un in-8° de 140 pages sous ce titre interminable mais tout plein de promesses : *Supplément aux crimes des anciens comités du gouvernement, avec l'histoire des conspirations du 10 mars, des 31 mai et 2 juin et de celles qui les ont précédées, et tableau de la conduite politique de J.-A. Dulaure, représentant du peuple, mis hors la loi et rappelé à la Convention nationale.* Son confrère Louvet, qui avait ouvert, sous les galeries de bois du Palais-Royal, une petite boutique de libraire tenue par sa femme, la célèbre Ladoïska, fut l'éditeur de Dulaure pour cette brochure qui fit grand bruit. Il faut voir comment y sont malmenés tous ceux qui avaient été les ennemis personnels de Dulaure à la Convention et dans les comités : Amar, Hébert, Basire, Collot d'Herbois, Chabot, « frocart et dindon, » Fabre d'Églantine, « l'un des hommes les plus immoraux et les plus perfides qui fussent dans Paris, » Couthon, ce faux Aristide, Robespierre et Marat, ces deux *vils polissons*, « aussi dépourvus de courage et de génie que faibles en talent. »

La Convention, dont il passait ainsi tous les anciens chefs en revue, était sur le point de terminer sa longue et terrible session, dont, parmi les députés qui la voyaient finir, il en était si peu qui l'eussent vu commencer. L'é-

(1) *Réimpression du Moniteur*, t. XXV, p. 168. Ce discours a été publié, 1795, in-8°.

chafaud avait arrêté les autres à mi-chemin. Dulaure fut au nombre des heureux, après avoir été pendant quatorze mois parmi les persécutés et presque au nombre des victimes. Il prit part à la rédaction de l'acte constitutionnel, dont la discussion avait commencé au mois de thermidor (juillet 1795); et quand un décret d'accusation fut lancé contre Perrin, connaissant par expérience comment s'exerçaient ces sortes de rigueur, il demanda, comme jadis pour lui-même, la communication des pièces qui avaient motivé le décret (1). Il ne prit pas autrement part aux affaires de l'assemblée.

Après la clôture, qui eut lieu le 4 brumaire an IV (26 octobre 1795), Dulaure se présenta de nouveau aux électeurs. Ceux du département du Puy-de-Dôme, aux yeux desquels ses malheurs ne l'avaient pas fait démériter, lui accordèrent de nouveau leurs suffrages; il obtint la même faveur des départements de la Corrèze et de la Dordogne, auxquels il s'était fait connaître pendant sa mission de l'année précédente. Comme il n'avait pas encore quarante ans il dut prendre place, non dans le conseil des anciens, mais dans celui des cinq-cents. Le sort l'y maintint, au mois de germinal an V, et l'année d'après son département natal le choisit de nouveau pour être un de ses représentants. C'est la troisième fois qu'il y était ainsi favorisé par l'élection. C'est comme membre du comité de l'instruction publique, où il avait été appelé déjà au mois de germinal an III, qu'il se signala surtout. Il y fit un rapport excellent, qui fut imprimé, sur la surveillance et la police des écoles publiques et particulières (2); puis, à peu de temps de là, une motion d'ordre sur les écoles primaires.

Lors de la discussion d'un projet de loi sur la liberté de la presse, Dulaure, qui savait ce qu'il y a de poignant à se sentir piqué par les moustiques des gazettes sans avoir le droit de leur rendre blessure pour blessure, demanda que tout citoyen pût désormais faire insérer une réponse dans le

(1) Réimpression du Moniteur, t. XXV, p. 193.
(2) Ib. t. XXIX, p. 223, 193.

journal qui l'aurait attaqué. Notre législation actuelle a fini par admettre ce que réclamait le républicain Dulaure.

Il fut moins bien inspiré dans une autre circonstance. La loi des otages, qui ameutait partout des ennemis contre le gouvernement, le vit figurer au nombre de ses plus ardents défenseurs. Il courait dans le midi une brochure intitulée : *les amis confédérés de l'ordre et de la paix aux autorités constituées des départements,* Dulaure la dénonça le 1er fructidor an vii (18 août 1799) (1), comme une provocation royaliste faite pour entraîner tous les habitants du midi dans l'insurrection de la Haute-Garonne ; mais ce qu'il y a de plus grave, selon lui, et comme il le fait ressortir dans la petite brochure de 7 pages qu'il publia en réponse, c'est que le but principal de ce dangereux écrit était « d'égarer et de soulever le peuple des départements contre la loi salutaire des otages. » Les populations se soulevaient d'elles-mêmes contre cette loi *salutaire;* et c'est d'elle-même aussi qu'elle tomba, entraînant dans sa chute le Directoire et la République.

Au 18 brumaire se termina la carrière législative de Dulaure ; tombé comme homme politique il se releva journaliste. Louvet, son ami, venait de prendre la direction du journal *la Sentinelle,* Dulaure y entra pour y traiter les questions d'archéologie. Or on était toujours, ou peu s'en fallait, à l'époque du Directoire ; des idées de mythologie sensuelle planaient encore dans l'air ; les déesses de Barras se voilaient toujours de ces vêtements aériens, nuages de gaze heureux de les toucher, et trop galants pour les couvrir. Le culte des Grâces et de Vénus courant ainsi les rues, de quoi vouliez-vous que parlât un archéologue ? si ce n'est du culte de Vénus. Dulaure en écrivit donc l'histoire ; le voile dont la couvrit son style fut peut-être moins léger, mais ne fut pas moins transparent que celui dont madame Tallien et madame Récamier s'étaient fait une robe et qui aurait rendu nécessaire la feuille de vigne que M. de Talleyrand leur envoya certain soir dans un cof-

____

(1) *Réimpression du Moniteur,* t. XXIX, p. 781.

fret d'ébène. L'érudite indécence de Dulaure portait pour titre : *des cultes des dieux de Lampsaque, de Pan, de Vénus, etc.* Ce n'est pas tout; archéologue curieux d'actualité, et demandant sans cesse au présent des motifs d'érudition, Dulaure, frappé du fétichisme dont Bonaparte était l'objet, se mit à chercher dans l'histoire les traces de ces sortes d'adoration qui attestent moins la grandeur du dieu que la servilité des prêtres. Il fit imprimer en un volume in-8° *des cultes qui ont précédé et amené l'idolâtrie ou l'adoration des figures humaines; des cultes, des fétiches, des astres, des héros et des morts* (1). Ce ne fut que de cette manière qu'il prit part à la politique de son temps. On ne pouvait, sauf pourtant le choix du premier sujet, y mettre plus d'innocence.

C'était de l'érudition amusante, ou qui du moins prétendait à l'être; Dulaure cherchait même parfois à y mêler le badinage. On en jugera par la manière dont il prit acte, le 31 décembre 1800, des derniers moments du siècle qui venait d'expirer : « La bonne vieille dame, sous le nom du dix-huitième siècle qui a abandonné tous les soins terrestres, mercredi 1ᵉʳ janvier 1801, a été tranquillement enterrée dans le caveau de l'éternité; ses descendants, qui furent enlevés en même temps, consistaient en cent fils, connus sous le nom d'années, en trente-six mille six cents petits-fils et petites-filles appelés *jours* et *nuits*, en trois cent soixante-seize mille arrière-petits-fils mariés dans la famille des *heures*, en cinquante-deux millions cinq cent soixante mille filles de ces arrière-petits-fils nommées *minutes*, et en trois milliards cent-cinquante-trois millions six cent mille petites filles de ces arrière-petits-fils de la race des Pygmées et nommées *secondes*. »

Dulaure avait quelque fortune placée presque toute entière chez un notaire de Paris. La banqueroute du dépositaire le ruina, et il lui fallut ou postuler un emploi, ou chercher dans l'érudition à laquelle il n'avait jusqu'alors demandé que des amusements, un gagne-pain insuffisant. L'obli-

(1) Ces deux ouvrages furent réimprimés ensemble en 1825, 2 vol. in-8°.

geance de Français de Nantes l'empêcha de recourir à ce dernier moyen. Il lui donna une place de sous-chef dans l'administration des *droits réunis*, dont il était le directeur général.

La chute de tous les pouvoirs était funeste à Dulaure. Son emploi de législateur s'en était allé avec le Directoire; sa place de sous-chef aux droits réunis fut entraînée dans la ruine de l'Empire. Une dépêche du 1ᵉʳ juillet 1814 vint lui faire connaître qu'il n'était pas compris dans la nouvelle organisation. Il s'en vengea pendant les Cent-Jours par une série d'articles contre les Bourbons que publia le *Censeur européen* (1) de MM. Comte et Dunoyer. Il n'épargnait pas cependant les démarches pour recouvrer sa place; nous avons vu une lettre qu'il écrivit dans ce but à Carnot; mais tout fut inutile. Quelques mois après il se trouva bien de ce que ses efforts n'eussent pas eu de succès et de ce qu'il n'avait pas été compris parmi les favorisés des Cent-Jours. Les Bourbons, au retour, le lui eussent difficilement pardonné. Ajoutant ce grief à tous ceux qu'ils pouvaient avoir contre le régicide Dulaure, peut-être n'eussent-ils pas été portés, comme ils le furent, à oublier ce que l'histoire de la Terreur leur avait trop bien appris de ses actes et de son vote. Leur politique étant bien moins de frapper l'ancien parti jacobin, qui semblait à tout jamais détruit, que le parti bonapartiste, toujours menaçant quoique par terre, la rigueur de leurs proscriptions n'eut pas à tomber sur Dulaure, chez qui le crime d'avoir voté la mort de Louis XVI ne se compliquait pas de celui, plus grand à leurs yeux, d'avoir prêté serment à l'usurpateur. Pendant que ses anciens amis de la Convention expiaient par l'exil une élévation qu'il n'avait pas partagée, et qui les avait, même pendant tout l'Empire, rendus si dédaigneux pour lui, Dulaure fut laissé sans inquiétude dans le calme de ses travaux de savant, dans l'obscurité de ses regrets de républicain.

C'est beaucoup que d'avoir permission de rester sur sa terre natale, mais

____

(1) Tome VI.

encore faut-il y pouvoir vivre. Dulaure n'avait que les ressources de sa plume; des mémoires qu'il faisait pour l'*Académie celtique* étaient son seul gagne-pain. On faillit le lui enlever. Quand cette société fut devenue l'*Académie royale des antiquaires*, on s'étonna que Dulaure continuât d'en faire partie; le nouveau président voulut, par zèle royaliste, le comprendre dans un système d'épuration qui eût entraîné avec lui Lanjuinais et Paganel, mais qu'il ne put heureusement mettre à exécution. Ses collègues ne l'ayant pas suivi dans cette voie d'exclusion, il se démit de la présidence, et ceux qu'il voulait chasser restèrent.

Depuis le temps où il avait fait paraître ses premiers petits volumes sur Paris, Dulaure même aux époques où la politique lui avait donné les plus terribles distractions, n'avait cessé de réunir les matériaux nécessaires à l'agrandissement de son œuvre, et à l'aide desquels il put arriver à faire de sa simple esquisse un tableau complet.

Toujours pamphlétaire, même dans l'érudition, c'est à la recherche de petits libelles du passé qu'il s'était attaché de préférence. Il avait recueilli partout, — et cette moisson, aujourd'hui presque impossible, se faisait alors sans grande difficulté et à bon marché, — toutes ces petites pièces volantes qui sont pour l'histoire des temps passés ce que le petit journal est pour notre époque. La malice s'y trouve, mais la vérité sérieuse, dont l'annaliste sincère doit seulement tenir compte, en est trop souvent absente. Pour Dulaure, tout à son système de partialité haineuse, l'une importait seule, il prit donc fort peu souci de l'autre. Il lui suffit que le républicain fût satisfait des méchancetés qu'il trouvait tout acérées et envenimées dans ce carquois des anciennes guerres de plume, dans cet arsenal où chaque arme avait été fourbie pour les premières luttes de l'esprit contre le pouvoir; l'historien laissa faire l'homme de parti, il accepta tout ce qu'il lui voyait en main. Jamais il ne se demanda s'il était prudent de chercher des preuves où il ne faudrait peut-être qu'étudier les mouvements de l'opinion, ses vicissitudes et ses sursauts. Il avait cependant fait lui-même des pamphlets, et il savait par conséquent à quelle faible dose on y fait entrer la vérité, tandis qu'on les bourre au contraire de toutes les mitrailles de la passion. Dulaure jetant à pleines mains dans son *Histoire de Paris* ce qu'il avait ramassé de ces antiques calomnies, donnait à penser qu'il regardait comme autant de documents historiques, d'une sincérité, d'une authenticité incontestables, les libelles qu'il avait lui-même écrits autrefois; et qu'il considérait comme parole d'évangile chacun de ses arrêts de journaliste.

L'indignation fut grande dans le camp monarchique lorsqu'en 1821 parut la première édition de cette *Histoire de Paris* : c'est, disait-on, une diatribe en dix volumes contre le trône et l'autel; c'est un scandale sans exemple. Est-ce donc ainsi que le régicide rend grâce au pouvoir qui l'a épargné et lui sait gré de ne l'avoir pas compris dans les implacables catégories.

Il ne sortit rien de ces colères qu'un immense succès pour le livre de Dulaure. Les éditions se succédèrent rapidement, apportant chacune quelques bonnes médisances nouvelles. Dulaure tenait à son système, il l'expliqua dans la préface dont il fit précéder une de ces éditions, et, par surcroît de malice, afin d'imposer tout d'abord silence aux prêtres que cette profession de foi d'un ennemi ne manquerait pas d'ameuter contre lui, il s'autorisa de cette parole d'un père de l'Église : « *Si autem*, dit-il avec saint Grégoire le Grand, *de veritate scandalum sumitur, utilius permittitur nasci scandalum quàm veritas relinquatur* (si du récit d'un fait véritable il résulte du scandale, il vaut mieux laisser naître le scandale que renoncer à la vérité). » Soit, si le scandale, que vous aimez tant, ne marche qu'avec la vérité; mais a-t-il toujours cette respectable compagnie dans le livre de Dulaure?

Encouragé par le succès, il en chercha un autre dans un scandale nouveau, il fit ou plutôt fit faire, sous sa direction et avec son mot d'ordre, l'*Histoire des environs de Paris*. De jeunes écrivains, parmi lesquels se trouvait le fils de son ancien camarade de la Convention, Guadet, travaillèrent à cet ouvrage qui n'eut pas, à beaucoup près, la même fortune que le premier. La matière était moins riche et elle avait été mise en œuvre par une méchanceté moins habile.

Dulaure était bien vieux alors, et pourtant ce n'était point par lassitude qu'il avait laissé tomber cette tâche en d'autres mains que les siennes; c'est pour suffire à d'autres travaux qu'il n'avait pas pris lui-même la peine d'écrire cette *Histoire des environs de Paris*. Il travaillait toujours pour les *Antiquaires de France*, et de plus il trouvait le temps de distiller son infatigable malice en de petits livres comme les *Religieuses de Poitiers*, épisode historique qu'il publia dans l'année 1826, ou bien encore en de gros ouvrages révolutionnaires, tels que les *Esquisses historiques des principaux événements de la révolution française*, dont la troisième édition parut en 1827.

La justice s'était enfin fâchée, Dulaure eut un procès en octobre 1826, mais toujours heureux il fut acquitté. Son éditeur seul fut condamné à un mois de prison. Il avait alors soixante et onze ans, et il lui en restait encore neuf à vivre. C'est seulement le 19 août 1835 qu'il mourut dans son modeste logis de la rue des Maçons-Sorbonne, n° 24.

Pour toute fortune il laissait à sa veuve ses droits d'auteur sur les livres déjà publiés, et ses manuscrits. Le plus considérable était une *Histoire d'Auvergne* à laquelle il avait travaillé toute sa vie. La ville de Clermont l'acheta moyennant une rente viagère de 600 francs accordée à madame Dulaure. Dans la séance du 30 décembre 1835, où cette résolution fut prise, le conseil municipal rendit un hommage solennel à Dulaure. Il déclara que la ville de Clermont s'honorait de lui avoir donné le jour.

Je ne contesterai pas ce qu'il peut y avoir de juste dans cet acte de reconnaissance municipale; je ne me permettrai qu'une supposition : Si Dulaure était né à Paris et avait laissé manuscrite l'histoire que nous connaissons tous, le conseil municipal, après lecture faite de l'ouvrage, aurait-il eu raison de statuer en son honneur comme le fit la ville de Clermont? Je ne le crois pas.

Edouard FOURNIER.

Poissy. — Typographie Arbieu.